FORTIFICATION.

NOTIONS

SUR

LE DÉFILEMENT,

PAR

P. L. POTEVIN,

PROFESSEUR DE FORTIFICATION A L'ÉCOLE D'ARTILLERIE DE LA MARINE A LORIENT

PARIS,

J. CORRÉARD, Éditeur d'Ouvrages Militaires, rue de Tournon, n° 20.

J. DUMAINE, neveu et successeur de G. Laguionie, rue Dauphine, 36.

B. BEHR, à Berlin.
JOSEPH BOCCA, à Turin.
J. ISSAKOFF, Libraire-Éditeur, commissionnaire officiel de toutes les Bibliothèques des régiments de la garde impériale, à Saint-Pétersbourg.

J. DEMAT, Imprimeur-Libraire pour l'art militaire, à Bruxelles.
DOORMAN, à La Haye.
MICHELSEN, à Leipzig.
CASIMIR MONIER, à Madrid.

Octobre 1844.

FORTIFICATION.

Octobre 1844.

NOTIONS

sur

LE DÉFILEMENT,

par

P. L. POTEVIN,

PROFESSEUR DE FORTIFICATION A L'ÉCOLE D'ARTILLERIE DE LA MARINE A LORIENT

PARIS,

J. CORRÉARD, Éditeur d'Ouvrages Militaires, rue de Tournon, nº 20.

Octobre 1844.

FORTIFICATION.

NOTIONS SUR LE DÉFILEMENT.

Une fortification est dite *défilée*, lorsqu'elle est construite de manière que ses terre-pleins sont à couvert des feux directs de l'assiégeant.

Si la fortification est assise en terrain horizontal, dans une plaine non dominée par des hauteurs situées à une distance de moins de mille à douze cents mètres : elle sera défilée par son relief naturel, déterminé d'après le commandement que chacune de ses parties doit avoir sur celles situées en avant.

Mais si le terrain sur lequel est située la fortification est dominé par des hauteurs plus élevées que ses parties les plus basses : cette fortification, pour être défilée, doit être assise sur *un plan tangent* au point le plus *dominant* du terrain environnant, et différant le moins possible du niveau du terrain naturel sur lequel est tracée la fortification dont il s'agit.

Le point le plus *dominant* du terrain environnant, n'est pas toujours le plus élevé; c'est celui que rencontrerait le premier, un plan passant par deux points déterminés du terrain de site naturel, tournant sur la droite qui joint les deux points, et que, pour cette raison, on appelle *charnière*.

Le plan sur lequel la fortification doit être construite, avec les mêmes reliefs que sur un plan horizontal, se nomme *plan de site artificiel*.

Un des points les plus importants de l'art du défilement, consiste dans le choix du plan de site, car il faut non seulement que la fortification soit défilée, mais encore il faut que le plan de site ne donne pas lieu à des déblais et remblais trop considérables, et l'on sent que le choix de ce plan doit être d'autant plus difficile que la fortification est plus compliquée, les hauteurs environnantes plus nombreuses, enfin le site naturel plus inégal.

On appelle *plans de défilement*, les plans parallèles au plan de site passant par les crêtes intérieures des ouvrages défilés (1).

ANCHE Ire,
Fig. 1.

PREMIER PROBLÈME.

Un ouvrage de fortification étant tracé sur un terrain inégal dont on a le plan nivelé, on demande de défiler cet ouvrage d'une hauteur située en avant de son front.

Prenons pour charnière du plan de site, la ligne de gorge AB de cette fortification, que nous supposons horizontale.

Il s'agit donc de faire passer par la droite AB un plan tangent au terrain situé en avant, et par conséquent de déterminer le point de contact P; en sorte que le plan de site ainsi déterminé laissera tous les autres points du terrain en dessous de lui.

Cela posé, à chacune des courbes équidistantes qui déterminent le nivellement du terrain, menons des tangentes parallèles à la charnière AB que nous avons choisie ces tangentes seront les éléments d'une surface cylindrique enveloppe du terrain. Coupons cette surface par un plan vertical, dont CD sera la projection sur le plan horizontal passant par A B, à la cote 24.

La section dont il s'agit est facile à obtenir, car les ordonnées de cette courbe ne sont autre chose que la différence des cotes des courbes du terrain avec la cote 24 qui est celle du plan horizontal passant par AB. Par exemple, pour le point P', l'ordonnée de la courbe de section sera $DP' = 24^m$ -10^m ou 14^m que l'on prendra à l'échelle du plan.

Maintenant par le point C, où la droite AB rencontre le plan vertical passant par CD, on mènera la tangente C P', puis par le point P' on mènera P'D perpendiculaire sur CD, et on prolon-

---

(1) Dans les ouvrages de campagne, dont la plupart sont défilés sans faire de plan de site, les plans de défilement sont ceux qui passent par les crêtes intérieures et à 1 m 20 au-dessus de la hauteur dangereuse, s'il s'agit de se défiler des feux d'artillerie, ou 1 m 50 s'il s'agit de la mousqueterie.

gera cette perpendiculaire jusqu'à sa rencontre P avec la courbe (1) qui joint les points de contacts des courbes du terrain avec leurs tangentes respectives; le point P est le point de contact demandé, ainsi le plan de site ABP est déterminé, il ne s'agit plus que de déterminer la ligne de plus grande pente de ce plan, appelée *Échelle de pente du plan de site* afin de fixer d'après elle, les cotes de chaque point de la fortification par rapport au plan de site, et par suite au plan de défilement qui lui est particulier.

La charnière AB étant horizontale, on aura *la ligne de plus grande pente*, en abaissant du point P une perpendiculaire sur cette droite; et comme cette ligne de plus grande pente représentée par PM, a une pente de $24-10=14^m$ de P en M; en divisant PM en quatorze parties égales, chacune de ces parties répondra à un mètre de pente, et l'échelle sera graduée et cotée à ses deux points P et M, 10 et 24. Ceci est évident, car en faisant le rabattement de la ligne de plus grande pente sur le plan horizontal passant par AB en M*m*; on voit que $PM :: Pm : no : nm$, où PM répondant à 14 mètres, *no* qui est une des divisions de l'échelle répond à un mètre.

Cela posé, *pour obtenir les cotes au plan de site*, des saillants de l'ouvrage dont il s'agit, on mènera de ces points des perpendiculaires à l'échelle de pente; ces perpendiculaires qui sont aussi des horizontales dans le plan de site, répondent aux cotes 20, 60 et 21, 75 environ. Les cotes du terrain qui correspondent à ces mêmes saillants sont $21^m 10^c$, $22^m 50^c$ et $25^m 10^c$ environ. Ainsi au saillant du redan de gauche, il faudra un remblai de $21^m 10^c$, $20^m 60$ ou $1^m 50$ pour porter ce point au plan de site. Au saillant de la courtine brisée il faudra $22^m 50^c-21^m 75^c$ ou $0^m 75$ de remblai. Enfin au saillant du redan de droite il faudra un remblai de $25^m 10^c-20^m 60^c$ ou $4^m 50^c$. Maintenant si des cotes au plan de site on retranche les cotes correspondantes des profils de la fortification, *on aura les cotes de défilement* que l'on inscrira si l'on veut à côté des points auxquels elles appartiennent.

Ainsi l'on voit que, pour un même point, la différence entre la cote au plan de site et la cote du terrain, indique le remblai à faire en ce point, si la cote de site est moindre que celle du terrain; ou le déblai à faire au même point si la cote de site est au contraire plus grande que celle du terrain.

Si l'on veut construire l'intersection du plan de site avec le terrain, il n'y a qu'à prolonger les horizontales du plan de site jusqu'à leur rencontre avec les courbes du terrain qui portent la même cote. Ces points de rencontre appartiendront à la courbe demandée (*Voir la pl.* 1re, *fig.* 1re).

DEUXIÈME PROBLÈME.

Un ouvrage de fortification étant tracé sur le penchant d'une colline on veut défiler cet ouvrage de la hauteur située en avant de son front.

PLANCHE Ire,
Fig. 2.

Nous prendrons, comme dans l'exemple précédent, la ligne de gorge pour charnière du plan de site; mais comme dans ce cas, ci cette droite est très sensiblement inclinée à l'horizontale, nous la diviserons suivant sa pente, c'est-à-dire que cette ligne AB, passant par les points *m* et *n*, ayant 20 mètres de pente entre ces deux points, puisque l'un est coté 20 et l'autre 40, on divisera cet intervalle *mn* en 20 parties égales; on continuera la graduation en dessus du point *m* jusqu'au niveau des courbes les plus élevées, et en dessous du point *n* jusqu'au niveau des courbes les plus basses.

Cela posé, on mènera par les points de division de la droite AB, des tangentes aux courbes de même cote; ces tangentes horizontales seront autant d'éléments d'une surface conoïde,

---

(1) Cette courbe est la ligne de contact de la surface du terrain avec la surface cylindrique enveloppe, et en même temps la directrice de cette dernière.

ayant pour directrice la ligne AB et la courbe qui joint les points de contacts des horizontales avec les courbes du terrain, et enfin, pour plan directeur, le plan horizontal; on a donc toutes les données nécessaires pour mener un plan tangent à cette surface par la droite AB, mais cette construction n'est pas nécessaire pour trouver le point de contact P; car ce point n'est autre que celui du contact de la tangente qui fait avec la droite AB le plus petit angle tourné vers la partie descendante de la droite dont il s'agit. En effet, si par les points de division de la droite AB, on mène des parallèles à QP, qui est celle des tangentes dont il s'agit : ces parallèles horizontales qui appartiendront toutes au plan déterminé par AB et QP, formeront des angles avec les autres tangentes, et ces angles seront tous situés en dessous du plan dont il s'agit; tous les élémens du Conoïde excepté QP, étant en dessous du plan BQP. Ce plan est donc le plan de site demandé, et QP l'élément de contact, est une horizontale dans ce plan.

Il ne s'agit plus, pour avoir l'échelle de pente de ce plan, que de mener par un point de ce même plan, le point *m* par exemple, une perpendiculaire sur QP et de la graduer suivant sa pente. (*Voir la fig. 2.*)

Si la charnière du plan de site n'était pas très-inclinée, la méthode précédente ne serait pas commode à employer, car par suite du peu d'inclinaison de la charnière dont il s'agit, les degrés correspondants à la pente de cette droite s'allongeraient considérablement, et la feuille de dessin n'en pourrait contenir qu'un petit nombre : on opèrerait donc comme dans le premier problème ; c'est-à-dire qu'on envelopperait le terrain par une surface cylindrique, ayant son élément parallèle à la charnière.

TROISIÈME PROBLÈME.

Défiler un ouvrage de fortification, de deux hauteurs situées en avant.

PLANCHE IIe, Fig. 3.

Il faut que le plan de site passe par les deux points les plus dominants de ces deux hauteurs et laisse tous les autres points du terrain en dessous de lui; en conséquence il ne pourra plus passer par une droite fixe prise sur le terrain de la fortification, mais par un seul point pris vers le centre de cette fortification, afin que les déblais à effectuer puissent, autant que possible fournir aux remblais.

Soit donc A le point fixe par lequel doit passer le plan de site. Il faut chercher les deux points dominants des hauteurs par lesquels ce plan tangent doit passer aussi, et de telle sorte que, sans occasionner des mouvements de terre trop considérables, il laisse en dessous de lui tous les autres points du terrain extérieur à celui des terre-pleins de l'ouvrage, car s'il en était autrement, les points du terrain qui se trouveraient au-dessus du plan de site, deviendraient des points *dominants ou dangereux*, desquels l'ennemi pourrait plonger l'ouvrage défilé des autres points.

Dans ce cas, on a imaginé d'envelopper le terrain extérieur d'une surface conique ayant son sommet en A et dont les éléments sont tangents au terrain. On coupe cette surface conique par une série de plans verticaux passant par son sommet A, et dont AB, AC, AD, AE, AF, etc., sont les traces sur le plan horizontal de projection que nous avons fixé à la cote 30 du terrain.

Les sections de ces plans verticaux dans la surface du terrain sont faciles à construire, comme nous l'avons déjà dit, puisque les ordonnées de ces courbes ne sont autre chose que la différence des cotes des courbes du terrain (rencontrées par les plans dont les traces sont AB, AC, AD... etc,) avec la cote 30 du plan horizontal de projection.

La figure 3, montre les sections dont il s'agit rabattues sur le plan horizontal de projection ; mais pour rendre les détails plus sensibles, nous avons altéré la grandeur des ordonnées dans le rapport de 1 à 5. Cela ne change rien au résultat qu'on se propose, car, en quintuplant comme nous l'avons fait les ordonnées de la courbe de chaque section, à laquelle on mène par le point A une tangente au point le plus élevé ou le plus dominant, l'ordonnée du point de contact sera aussi quintuplée ; mais le point de contact sera toujours situé sur la même verticale; la sous-tangente est toujours la même, et par conséquent la projection horizontale du point de contact, résultat qu'on se propose, ne change point.

Les tangentes AB, AG, AH, AK, AM, etc., sont donc autant d'éléments de la surface conique enveloppe qui touchera le terrain dans ses points les plus dominants, et, tout plan tangent à cette surface ainsi substituée au terrain, passera au-dessus de tous les points autres que ceux du contact, et sera propre au plan de site.

Or, on sait que, pour qu'un plan soit tangent à une surface courbe, il faut qu'il passe par les tangentes de deux sections faites en *un même point* de cette surface, et, dans le cas de la surface conique, l'une de ces deux tangentes ne diffère pas de la génératrice déterminée par la section de la surface conique, par le plan passant par son sommet et le point dont il s'agit. Ainsi il ne s'agit plus pour déterminer le plan tangent demandé, que de couper transversalement la surface conique, par un plan vertical dont BN sera la projection, et mener à la courbe de section une tangente commune à deux de ses points les plus dominants.

Pour construire la courbe de section transversale dont il s'agit; remarquons que le plan vertical passant par AC, par exemple, coupe le plan vertical passant par BN, suivant une verticale rabattue en 00'. Le point où cette verticale rencontre la surface conique, étant aussi rabattu en 0' intersection de l'o:donnée 00'' avec AG, on mènera 00'' perpendiculaire sur BN, et portant 00' de 0 en 0'', ce point 0'' sera un point de la courbe demandée. Si l'on fait la même construction pour tous les autres points tels que P, Q, R, etc., où les traces des plans verticaux coupent BN, on aura autant de nouveaux points de la courbe demandée, et la tangente O'' R'' déterminera avec le point A, le plan de site.

Cherchons maintenant une horizontale dans le plan de site. La tangente AG, que touche la section correspondante du terrain au point G, nous fait connaître que le point du terrain qui correspond au point de contact 0' est le point C, où la perpendiculaire GC sur AC rencontre cette dernière droite. On voit de même que le point du terrain correspondant au point de contact R'' est le point F, dès lors les points C et F sont les deux points les plus dominants du terrain et le plan de site, passant par ces deux points et le point A, laisse en dessous de lui tous les autres points du terrain. Ainsi pour tracer l'horizontale en question, considérons que du point F au point A, la droite AF a 20 mètres de pente; divisons-la en vingt parties égales et marquons un point *n* à la cote 25 sur cette droite. De même la droite AC ayant 10^m de pente de C en A, divisons-la en dix parties égales, et marquons aussi un point *m* à la cote 25 sur cette même droite. La droite *mn* menée par ces deux points de niveau sera l'horizontale demandée. Alors du point F par exemple qui appartient au plan de site abaissons une perpendiculaire FZ sur *mn*, et nous aurons la ligne de plus grande pente du plan de site ; nous diviserons FZ en quinze parties égales, puisqu'il y a quinze mètres de pente de F en Z et l'échelle de pente sera graduée.

Construisons maintenant, un profil, sur la droite ST par exemple, terminé en S et en T par les courbes cotées 36 et 30.

Prenons sur la ligne de terre de ce profil, (*Voir le profil pl. 2*) que nous construirons sur une échelle double de celle du plan, une grandeur ST d'un nombre de mètres numériquement égal à ST du plan, aux deux extrémités S et T, élevons des perpendiculaires à la ligne de terre ; prenons SF égale au nombre de mètres de *sy* du plan ; de même *fy* égale à *xy* du plan, et par ces points *f* et *y* menons des perpendiculaires à ST ; donnons à S*k'* six mètres puisque la ligne de terre est prise à la cote 36 ; il y aura 4 mètres de *f* en *f* ; 2 mètres de *y* en *x* et 0 mètres en T, ainsi on tracera la section du terrain *k' f x* T.

Les cotes au plan de site des points S et T étant 27 et 21, les cotes du terrain aux mêmes points étant 30 et 3o, les 3 mètres et 15 mètres de différence seront portés de *k'* en V et de T en V', et alors VV' sera la trace du plan de site au profil.

La distance S*u* du point S du plan au point *u* de la magistrale sera portée de S en *a* au profil; la largeur du fossé de *a* en *c*; celle du chemin couvert de *c* en *b*, enfin celle du glacis de *b* en *z*; par chacun de ces points, on élèvera des perpendiculaires à la ligne de terre.

Actuellement du point *b''*, portons *b'' b'* = $2^m.$ 50 au-dessus du plan de site, menons *b''c* dans la direction de VV' jusqu'à la rencontre de *cc'* et nous aurons le terre plein du chemin couvert. Du point *b'*, menons une parallèle *b'd* à V', elle déterminera par sa rencontre avec *ad*, la hauteur de l'escarpe. Par

le point d menons dd', fesant avec l'horizontale di un angle de
45°, et nous aurons le talus extérieur du parapet; ensuite par
le point b'', coupons dd', par une droite $b''h$ fesant avec l'hori
zontale bg, un angle de 9 gr 30', qui est le plus grand angle sous
lequel une pièce de gros calibre peut tirer sous l'horizontale.
Portons de a'' en a''', la hauteur de la genouillère et par le
point a''' menons le terre-plein du rempart parallèlement au
plan de site, enfin menons les talus du rempart et du glacis.

Maintenant si l'on voulait se livrer à la discussion de ce profil, c'est-à-dire à son examen sous le rapport de la dépense et
de la bonne disposition des feux de ses différentes parties sur
les approches de l'ennemi, nous pensons qu'il serait rejeté, ne
fusse que parce qu'il donnerait lieu à des remblais trop considérables. Dans certains cas, au lieu de ne se servir que d'un plan
de site, on en emploie deux ou un plus grand nombre; nous
allons en offrir un exemple. Nous prévenons, au reste, que
notre but dans ce travail, est de donner seulement une idée de
l'art difficile et compliqué, tant en théorie qu'en pratique, du
défilement des ouvrages de fortification permanente, dont la
plus grande partie se traite dans le cabinet, pour en appliquer
ensuite les résultats sur le terrain.

Nous n'avons donc point à nous occuper des déblais et remblais en détail, ni des matériaux de revêtement et autres con-
sidérations qui sont entièrement du ressort de l'ingénieur con-
structeur, nous bornant à montrer quelques applications de la
géométrie descriptive, d'ailleurs bien connues.

QUATRIÈME PROBLÈME.

**Un ouvrage à couronne simple étant dominé à droite et à
gauche par des hauteurs; on demande que cette fortification
soit défilée.**

Un seul plan de site passant par dessus tout le terrain extérieur, en remplissant la condition de défiler toutes les parties de cet ouvrage, ne remplirait pas sans doute celle de
donner le moindre relief possible, ainsi nous construirons un
plan de site pour chacun des deux fronts dont cette pièce est
composée.

Choisissons, pour les deux plans de site, une charnière commune dans le plan vertical de la capitale du bastion en avant;
plaçons en A sur cette capitale à la cote 34 du terrain, le
sommet d'une surface conique enveloppant tout le terrain extérieur; ce point A sera par conséquent le point où la charnière rencontre le terrain intérieur.

Cela posé, coupons comme d'ordinaire, cette surface conique par une série de plans verticaux dont les traces sur le
plan horizontal de projection pris à la cote 34, seront les
droites AB, AC, AD, etc., et construisons, comme nous l'a-
vons décrit dans l'exemple précédent, les courbes de section
de ces plans verticaux avec le terrain, et menons à ces courbes
des tangentes Ab, Ac,... etc.; enfin coupons transversalement
cette surface conique par un plan vertical conduit suivant
BK, et construisons la courbe de section de ce plan dans la
surface conique, rabattue en b', l', m', n', o', p', k'.

Par le point Q, menons QQ' perpendiculaire sur BK, et sur
cette perpendiculaire qui est la trace du plan vertical de la
charnière, sur celui qui passe par BK, prenons un point O',
en dessus de la courbe b', l', m'... etc. afin qu'aucun point
du terrain ne domine les plans de site. Ce point Q' sera celui
où la charnière commune perce le plan vertical suivant BK.
De ce point Q', menons deux tangentes Q'l' et Q'K' aux
points dominants de la courbe transverse. Les deux plans de
site ainsi déterminés par ces deux tangentes et le point A,
laisseront tout le terrain extérieur en dessous d'eux, du moins
jusqu'à la charnière commune, ce qui est suffisant, sauf les
coups de revers dont on ne peut se garantir que par des traverses, si les plans de défilement ne se couvrent pas l'un par
l'autre, comme nous allons le voir.

Les points de contact l' et k', rabattus en l et k sur Ll
perpendiculaire à AC, et sur Kk perpendiculaire à AK, nous
font connaître les points correspondants du terrain c et k dont
les projections cherchées sont C et K. Ces points appartiennent
aux plans de sites, sont les plus dominants et par conséquent
ceux dont il faut se défiler.

Cherchons maintenant une horizontale dans le plan tangent
déterminé par les trois points C,Q,A qui lui appartiennent.

Si nous portons l'ordonnée QQ' du point de départ des tangentes Ql' et Q'k', sur l'échelle du plan on trouvera qu'elle
est de 8^m au dessus du plan horizontal à la cote 34. Elle don-
nera donc pour le point Q, $34-8=26$ pour la côte au plan
de site.

La droite AC appartenant au plan tangent de site, divisons
la suivant la pente qui est de 24^m de C en A, et marquons
un point S à sa cote 26 de cette droite; menons SQ, qui sera
l'horizontale du plan de site CAQ qui doit servir à défiler le
front TV.

Une perpendiculaire abaissée du point C sur SQ, sera la ligne de plus grande pente; elle aura 16^m de pente de C en Q,
sera par conséquent divisée entre ces deux points en seize
parties égales que l'on continuera en dessous de SQ autant
qu'on voudra, et l'on aura l'échelle de pente de ce premier
plan de site.

Nous trouverons une horizontale dans le second plan de site
déterminée par les trois points K, Q, A, en divisant la droite
AK en dix parties égales, puisqu'elle a 10 mètres de pente du
K en A, marquant donc un point à la cote 26 de cette droite et
menant par le point Q qui a aussi la cote 26, et par ce point la
ligne QR, on aura l'horizontale cherchée. Du point K qui a la
cote 24, on abaissera une perpendiculaire KR qui aura 2 mètres
de pente de K en R; on divisera KR en deux parties égales et
on continuera les divisions en dessus du point K et en dessous
du point R, tant qu'on voudra, et l'on aura l'échelle de pente
du second plan de site, qui doit servir à défiler le front TX.

Si l'on ne trouvait pas les échelles de pente convenablement
placées où elles sont, on pourrait les transporter ailleurs parallèlement à elles-mêmes.

Observons maintenant que l'angle des deux horizontales QS
et QR menées par le point Q de l'intersection commune des
deux plans de site, dans chacun de ces plans, à son ouverture
tournée de manière que *l'angle des deux échelles de pente tourn-*
la sienne vers la partie ascendante de l'intersection commune
ce qui indique que *les deux plans de site* et par conséquent *les*
deux plans de défilement qui leur sont parallèles font ce qu'on
appelle *gouttière.* Les parties de la fortification défilée par l'un,
sont exposées au feu de revers des hauteurs de l'autre, et il
faut alors remédier à cet inconvénient par une traverse placée
dans la charnière commune.

Si par suite de la détermination de l'échelle de pente, *leur*
ouverture est tournée vers la partie descendante de l'intersection,
alors les deux plans de défilement *forment arête* et se couvrent
réciproquement des feux de revers.

On pourrait, au lieu d'une seule surface conique enveloppe,
et sans fixer préalablement la charnière commune, défiler,
chaque front par le moyen d'une surface conique particulière;
l'angle des deux échelles de pente, fera toujours connaître si
les plans de défilement se couvrent l'un l'autre ou s'ils font
gouttière, *l'intersection commune* des plans de site pourra
toujours se déterminer *par la rencontre des horizontales de même*
cote situées dans les deux plans.

Les deux horizontales menées dans chacun des plans de site
par un même point de l'intersection pourraient ne former qu'une
seule et même ligne droite, alors les deux échelles de pente seraient parallèles, ce qui indiquerait que les deux plans de site
n'en font qu'un seul, excepté dans le cas où l'intersection commune serait elle-même horizontale, car alors les deux horizontales menées par un même point de cette intersection se con-
fondront avec elle sans que pour cela les plans se confondent
eux-mêmes.

On reconnaîtrait également si les plans de défilement font
arête ou gouttière, par la différence de cote de l'intersection des
plans de site avec les cotes du terrain situé dans les limites du
défilement. C'est-à-dire que si la cote de l'intersection est plus
petite ou plus grande que celles du terrain, les plans font arête
ou gouttière.

Revenons à la figure 4, et puisque les plans de site font gouttière dans la direction de la capitale du bastion saillant, il faut
nécessairement une traverse dans cette direction, et déterminer
son relief de manière qu'il puisse couvrir réciproquement les
deux fronts des feux de revers partant des hauteurs vis-à-vis.

Puis donc que le front TX, doit être couvert des feux de revers partant du point C, on prendra la droite TX pour charnière, d'un plan tangent au point C. Cette droite TX est connue de position, puisque la cote du point T est 28 et celle du point X 34 : ce plan tangent rencontrera le plan vertical de la traverse en une droite, dont AT sera la projection et cette droite est facile à déterminer puisque sa cote au point T sera toujours 28, et la cote de cette même droite au point A sera donnée par l'échelle de pente du plan CTX.

Maintenant le front TV devant être à son tour mis à couvert des feux de revers partant du point K, on prendra TV pour charnière d'un plan tangent au point K, lequel plan coupera le plan vertical de la traverse en une droite dont la projection sera aussi TA, qui passera comme la première par le point T à la cote 28, et si la cote de cette dernière au point A, déterminée par l'échelle de pente du plan KTA est plus petite que celle au même point de la première intersection, c'est que cette deuxième intersection est plus élevée que la première et devra être prise pour site de la traverse à laquelle il suffira alors de donner un relief égal à celui du parapet de la fortification au-dessus de son plan de site afin que les plans de défilement soient parallèles à leur plan de site.

Actuellement, si l'on voulait se livrer à la discussion des fronts dont il s'agit, et de leurs détails accessoires, comme demi-lune, chemin couvert, places d'armes, etc. sous le rapport du minimum de relief et de dépenses, comme sous le rapport de la bonne disposition des feux simultanés sur les tranchées de l'ennemi, on reconnaîtrait sans doute que les plans de site que nous venons de déterminer ne sont pas convenables : dans ce cas il faut essayer d'autres dispositions pour obtenir des plans de site plus avantageux.

Quelquefois, lorsqu'après plusieurs essais infructueux on n'espère pas pouvoir arriver à des plans de site convenables, on se décide à substituer au plan tangent déterminé par la tangente Q'l' et le point A, par exemple : un plan sécant conduit suivant le point A, et la sécante Q'Y, et l'on enlève toute la partie de la hauteur située au-dessus de ce plan. Si la figure 4, n'était déjà trop compliquée de lignes nous pourrions facilement exécuter la projection de la surface du terrain à enlever, puisqu'il ne s'agit que de la couper par une série de plans verticaux parallèles ou passant tous par le point A. Ces plans couperaient le plan sécant suivant des droites dont les projections seraient faciles à obtenir ; et les mêmes plans couperaient la surface du terrain suivant des courbes telles que celles que l'on voit fig. 4. Les intersections des droites du plan sécant de site avec les courbes de section des plans de la série, situées dans le même plan vertical de cette même série, seraient des points de la courbe d'intersection du plan de site avec le terrain (1). Cette construction servirait au calcul des déblais à enlever.

Quelquefois aussi, vu l'impossibilité de défiler avantageusement toutes les parties d'un front par un même plan de site, on

(1) Ou plus simplement encore : en divisant les droites AQ et AY suivant leur pente respective, et joignant les points de division de même côté par des droites, on aura autant d'horizontales qu'on voudra dans le plan sécant AQ'Y. Ces horizontales prolongées suffisamment, rencontreront les courbes du terrain de même côté, en des points de l'intersection dont il s'agit.

est obligé de déterminer un plan particulier de site pour chaque partie, et de raccorder ensuite du mieux qu'on peut tout ces plans particuliers par des traverses, parados, etc.

Au reste, le meilleur moyen de bien défiler une fortification, dit M. de Bousmard, est de se transporter, si l'on peut, sur le terrain qu'on se propose de fortifier, muni d'un instrument à genouillère, tel qu'une planchette ou un graphomètre. On se place vers le centre de l'enceinte qu'on se propose de former, et on incline l'instrument de manière que son plan supérieur passe par les point les plus élevés des hauteurs dont on veut se défiler. Si l'on n'a pas d'instruments : trois règles dressées, ou simplement une ficelle formant triangle sur trois jalons, suffira pour déterminer le plan de site que l'on cherche quelquefois si péniblement dans le cabinet. On jalonnera ensuite le tracé de manière que les têtes de jalons effleurent exactement le plan rasant les hauteurs environnantes ; et si l'on s'aperçoit alors que ce plan a trop de pente, ce sera le cas de changer le tracé afin d'avoir un plan de site moins rampant.

M. Lesage, professeur à l'école d'artillerie et du génie à Metz, en 1825, trouve ce procédé de M. Bousmard insuffisant.

Les anciens ingénieurs, tels que Bousmard, St-Paul et Cormontaigne trouvent qu'un ouvrage et ses dehors pris en masse seront ainsi défilés et bien construits.

M. Lesage dit : « défilés, oui ; bien construits, non. » Et il ajoute : « la doctrine des anciens ingénieurs sur les profils primitifs est fautive en ce qui concerne les ouvrages défilés en masse. » Il ajoute encore : « on en a conclu dans ces derniers temps, que le défilement de chaque ouvrage en particulier doit être exécuté séparément ; et le raisonnement, fait pour appuyer ce principe, est principalement appuyé sur des vues d'économie dans les mouvements des terres de déblai et de remblai : or, la base de ce raisonnement est fausse. » Il n'admet pas ce défilement par ouvrages séparés, et par ressaut. Il préfère, quand on ne peut faire mieux, le défilement en masse par front, ou plusieurs fronts à la fois s'il est possible, ou enfin par demi-fronts afin d'éviter les traverses et les parados.

Ces discussions étant spécialement du ressort des officiers du génie, nous n'avons point à nous en occuper, et nous terminerons ce travail par quelques notions sur le défilement pratique des ouvrages de campagne, qui s'exécute, souvent du moins, avec des cordeaux et des jalons sans même avoir besoin de déterminer des plans de site, s'il ne s'agit que d'un ouvrage simple et isolé, comme un redan, une queue d'hirionde, etc.

Nous ferons remarquer en passant que, dans les constructions graphiques que nous venons d'exécuter, on se sert rarement de la projection verticale des objets que l'on considère, parce que les dimensions verticales sont en général très-petites par rapport aux dimensions horizontales, et les lignes que l'on aurait à considérer sur le plan vertical de projection, se coupant sous des angles très aigus, donneraient lieu le plus souvent à des résultats fautifs. Tout se réunit pour faire rejeter l'emploi de la projection verticale dans les dessins de fortification.

DÉFILEMENT DES OUVRAGES DE CAMPAGNE.

OUVRAGES ISOLÉS OUVERTS OU FERMÉS PAR LA GORGE.

Les ouvrages isolés sont ouverts ou fermés par la gorge suivant le but qu'on se propose en les construisant.

Les moyens de défilement, pour être exécutables à la guerre, dit M. de St-Paul doivent être très-simples, car on n'a pas ordinairement le temps de faire des lever, des nivellements de terrain, et de se livrer à des spéculations de cabinet. Il faut donc des moyens non-seulement simples, mais rapides, et qui ne demandent que peu de combinaisons et de moyens préparatoires.

Au reste, dit encore M. de St-Paul, il ne faut pas se faire illusion sur l'art du défilement en général, qui n'est qu'un palliatif, indispensable à la vérité, contre les défauts qui résultent d'un mauvais choix de position quelquefois inévitable.

C'est plutôt dans la disposition du tracé, et surtout dans le choix des emplacements, que dans l'art du défilement, qu'il faut chercher des moyens de perfection ; et, lorsque les circonstances obligent à établir un ouvrage sur des terrains commandés, les traverses élevées dans leur intérieur, sont presque toujours le moyen le plus simple et le plus expéditif à mettre en pratique dans la guerre de campagne.

OUVRAGES OUVERTS PAR LA GORGE.

Les ouvrages ouverts par la gorge, se prêtent mieux au défilement que les ouvrages fermés, parce que ces derniers ont une partie de plus à couvrir qu'il est bien difficile de cacher aux feux de revers sans y exposer à son tour la partie en avant, qui doit dérober la vue de celle en arrière au terrain dominant.

Les ouvrages isolés ouverts par leur gorge, ont cette gorge protégée par un corps de troupe qui la soutient, ou appuyée à des obstacles qui empêchent de la tourner.

Premier exemple.

Si l'ouvrage qu'il s'agit de défiler est un redan, dont la gorge ne peut être tournée, on placera deux jalons en A et en C aux extrémités de la gorge; on les marquera en a et en c de manière que la ligne ac prise pour charnière du plan de défilement soit parallèle à AC, et élevée au-dessus de cette dernière d'une quantité égale au relief que doit avoir le parapet de l'ouvrage à ses extrémités A et C qui est d'ordinaire 2^m50^c. Puis plaçant un jalon en m sur AC, dans la direction du saillant B et du point P, qui devra être marqué sur un jalon situé au point reconnu dangereux, à la hauteur de 1^m50^c, du terrain s'il s'agit de se défiler des feux de mousqueterie, ou seulement à la hauteur de 1^m20^c. S'il ne s'agit que des feux d'artillerie; on fera passer un rayon visuel par le point n ou ac rencontre le jalon placé en m, et par le point P. Le point b ou le jalon placé au point B, sera rencontré par le rayon visuel nP (qui détermine avec ca le plan de défilement) déterminera Bb pour le relief au saillant. La crête de l'ouvrage sera donc ab, bc, et son terre-plein sera situé sous le plan de défilement aPc ou abc.

Deuxième exemple.

Si l'ouvrage qu'il s'agit de défiler est un bastion dont la gorge doit être soutenue par des troupes, il faut que son relief puisse couvrir non-seulement celles qui en défendent l'intérieur, mais encore celles qui défendent sa gorge. En conséquence on prendra pour charnière du plan de défilement, une droite telle que ab, parallèle ou à peu près à DE, à la distance de 25 ou 30^m. de la gorge, en arrière, et élevée de 2^m50^c au-dessus du terrain; puis on promènera un rayon visuel tout le long de la droite ab, et passant toujours par le point P, et l'on marquera sur les jalons situés en D, F, G. H, E, les points où ces jalons sont rencontrés par les rayons visuels qui leur correspondent; et joignant ces points par des lignes droites, on aura le relief de la crête intérieure du bastion défilé par le plan aPb.

On opèrerait de la même manière pour un ouvrage plus contourné, tel que A, D, F, E, G, H, B, en prenant la charnière du plan de défilement à l'extrémité de la gorge, ou en arrière selon le but que l'on se proposera en le construisant.

Troisième exemple.

Supposons maintenant un redan dont la gorge est appuyée à un obstacle qui empêche de la tourner, mais qu'il s'agit de défiler de deux points dangereux P et P' situés à droite et à gauche sur le terrain dominant.

Si l'on ne juge pas avantageux de couvrir ce redan par un seul plan de défilement passant par les deux points et par un point pris au milieu de la gorge, à cause du relief trop considérable qu'il exigerait, il faudra employer deux plans de défilement, et de plus couvrir par une traverse, s'il est nécessaire, les hommes placés aux banquettes, des feux de revers.

On prendra pour charnière commune des deux plans de défilement une droite située dans le plan vertical de la capitale ou de toute autre droite telle que CD, de manière à ce que la traverse qu'il faudra placer dans cette direction, ne gêne que le moins possible le débouché du pont ou du défilé que l'ouvrage est destiné à couvrir. La hauteur de cette droite à son extrémité D, devra être d'environ 2^m, au-dessus du sol et de 2^m50^c, au saillant, afin de diminuer un peu par ce re-

lèvement l'effet du ricochet. On fera passer comme dans les exemples précédents, au moyen de jalons, par cette charnière et par les deux points dangereux P et P', deux plans de défilement qui, venant ficher dans la traverse à la hauteur de 2^m. au moins, couvriront l'intérieur des feux directs des deux hauteurs.

Pour couvrir les hommes placés sur la banquette de la face CB, des feux de revers partant du point P, il faut, toujours, au moyen de jalons, prendre dans le plan vertical de CB, à 0^m50^c au-dessus du relief déjà déterminé pour la crête intérieure du parapet, une droite par laquelle et par le point P on fera passer un plan, et l'on aura soin de marquer sur des jalons l'intersection de ce plan avec le plan vertical passant par CD.

De même, on marquera sur les mêmes jalons, *l'intersection du plan* passant par le point P', et une droite située à 0^m50^c au-dessus de la crête de la face AC, *avec le plan vertical passant par* CD. Celle de ces deux intersections qui sera la plus élevée, déterminera le relief à donner à la traverse, pour couvrir des feux de revers les hommes placés sur les banquettes.

OUVRAGES FERMÉS.

Lorsqu'un ouvrage est fermé, il est impossible, même dans les circonstances les plus avantageuses, comme par exemple, lorsque les hauteurs dominantes se présentent en face, de le défiler sans le secours de traverses, à moins de donner à l'ouvrage un relief excessif, qui exigerait des masses couvrantes d'une base énorme, obstruant son intérieur de manière à ne pouvoir contenir le détachement nécessaire à sa défense. et exigeant de plus un travail long et pénible, et souvent même impossible en campagne.

Exemple.

Supposons qu'on ait un ouvrage fermé X à défiler d'une hauteur P, située en face.

De tous les plans de défilement tels que PH, PI, PK, partant du point P élevé au-dessus du point dominant o de 1^m50^c ou de 1^m20^c environ, suivant qu'il s'agit de se défiler des feux de mousqueterie ou d'artillerie, le plus convenable *pour couvrir la face a des feux de revers partant du point* H situé à la distance de 350 à 400^m en arrière; c'est-à-dire à la limite de la portée du fusil, et élevé au-dessus du terrain de 2^m50^c, hauteur à laquelle un homme à cheval peut faire feu; le plus convenable disons-nous, serait PH, puisqu'il est le seul qui donne à la face b la hauteur nécessaire pour couvrir la face a sans avoir besoin de traverse; mais il en résulterait un relief si considérable, quand même la montagne serait peu élevée, qu'on serait bien forcé de prendre un plan de défilement plus rampant, tel que PK, passant par la crête intérieure de la face b réduite à hauteur de 2^m50^c, et suppléer au défaut de relief de cette face pour couvrir celle A des feux de revers, par une traverse T, placée assez près de la face b pour qu'elle puisse garantir du ricochet, les faces latérales ad, bc (fig. 5). Le relief de cette traverse sera déterminé par le plan Ha mené par le point H et passant à 0^m50^c au-dessus de la crête intérieure de la face A; afin que les hommes placés sur la banquette de cette face, et dont la tête y compris les épaules en faisant feu, dépassant à peu près de cette hauteur la crête intérieure, soient à couvert des feux partant du point H.

Si l'on avait à se défiler de deux hauteurs situées à droite et à gauche, on serait obligé, après avoir employé deux plans de défilement passant par une charnière commune cd élevée au-dessus du sol d'au moins 2^m. d'élever une seconde traverse ab, croisant la première cd, quelque gêne qu'il en résultât pour les manœuvres et le logement des troupes, à moins que le terrain en arrière (fig. 7) ne fut assez rampant pour dérober l'intérieur aux feux de revers partant de ce terrain, du moins jusqu'à la distance de 350 ou 400^m ; car quoique la portée moyenne du fusil soit de 240 ou 250^m, les balles peuvent encore incommoder une troupe rangée le long d'une banquette à la distance de 340 ou 350ᵐ, passé laquelle elles ne sont plus à craindre. Dans ce dernier cas une seule traverse placée comme *cd* suffira.

Dans les exemples précédents nous avons supposés les points dominants connus ou déterminés. Il nous reste à indiquer un moyen pratique de reconnaître ces points lorsqu'ils sont douteux à la simple vue.

Ayant fait planter un jalon sur le terrain qu'on occupe, on en fera placer deux autres dans la direction de ce premier jalon et de deux des points du terrain environnant qu'on jugera être les plus élevés. Ensuite, on entourera ces trois jalons d'un cordeau passant par l'œil appliqué au premier jalon, et par les deux points jugés les plus élevés, promenant alors l'œil le long des cotés de ce triangle de cordes, de manière à ce qu'il ne sorte pas du plan que ce même triangle détermine, il est évident que si les rayons visuels dirigés dans ce plan ne rencontrent aucuns des points environnants, autres que ceux jugés les plus dominants, c'est qu'en effet, il n'y en a pas d'autres; mais si quelques uns de ces rayons visuels vont ficher sur d'autres points que ceux dont il s'agit, ou si ces points sont vus en dessus du plan du triangle, ce sont ces derniers qui sont les plus dominans quand bien même ils seraient d'un niveau inférieur aux premiers.

Ajoutons encore, avec M. de St-Paul, que l'on doit sentir que la situation des hauteurs dominantes, relativement aux ouvrages qu'elles commandent, exige autant de dispositions particulières dans les différentes parties du tracé de ces ouvrages, que ces hauteurs sont susceptibles elles-mêmes de variétés dans leur configuration, et il est impossible d'exposer toutes ces différentes combinaisons, qui sont d'autant plus compliquées que le terrain est plus varié. L'expérience, fruit de la réflexion et de l'exécution; l'habitude des constructions, peuvent seules donner ce tact nécessaire pour opérer dans ces circonstances diverses. Le seul précepte général qu'on puisse toutefois recommander: c'est de disposer toujours le tracé de manière que les lignes qui le composent aillent le moins possible ficher dans les hauteurs dont il s'agit de se défiler.

NIVELLEMENT DU TERRAIN

PAR COURBES HORIZONTALES.

On conçoit une série de plans horizontaux équidistants, par exemple, de mètre en mètre, ou de deux en deux mètres, ou davantage, selon qu'on le juge convenable. Les sections de ces plans avec la surface du terrain, seront des courbes planes horizontales que l'on déterminera ainsi qu'il suit:

PLANCHE V.

Supposons que l'on veut lever la carte d'une montagne en commençant par la base, par exemple.

On placera le niveau en B*b*, puis on fera placer une règle à voyant en A*a*, où l'on veut commencer la première courbe d'enceinte; ensuite donnant un coup de niveau en *d*, on fixera le voyant en ce point au moyen de la vis de pression qui y est ordinairement adaptée; on enlèvera la règle à voyant, et on la remplacera par un jalon ou un piquet. On transportera la règle graduée, en un autre point C*c*, qui sera un second point de la courbe, dès que le voyant fixé sur la règle. répondra à la ligne d'eau *df'* qui n'a pas dû varier, c'est-à-dire qui n'a pas dû sortir du plan horizontal de la station. Cela fait, on enlèvera encore la règle placée en C*c*, on la remplacera encore par un jalon, et on ira déterminer de la même manière un nouveau point F*f*, et ainsi de suite, sans changer de station tant qu'il ne sera pas nécessaire, c'est-à-dire tant qu'on apercevra les nouveaux points qu'on veut relever, et que le niveau ne perd pas d'eau, du moins d'une manière sensible, si l'on se sert de cet instrument. Ensuite on pourra enlever le niveau, et le transporter en un autre point de station H*h*; puis donnant un coup de niveau sur la règle placée en un point G*g* déjà déterminé, on fixera de nouveau le voyant en *g'*, à la hauteur de la ligne d'eau. Alors on enlèvera la règle qu'on aura toujours soin de remplacer par un jalon, et on la transportera en de nouveaux points tels que K*k*, comme il est dit plus haut.

On continuera ainsi à contourner la montagne jusqu'à ce que la courbe soit fermée, si elle doit l'être; mais si elle s'embranchait avec d'autres, on voit assez ce qu'il y aurait à faire. On aura soin, chemin faisant, de relever avec la planchette ou la boussole, les différents points de la courbe que l'on a marquée avec des jalons ou piquets, et l'on aura une courbe horizontale et d'autant plus exacte que le nombre des points déterminés sera plus grand.

Pour déterminer la 2ᵉ courbe, que nous supposerons à deux mètres au-dessus de la première, on placera le niveau en un point quelconque M*m*, situé entre les deux courbes, de manière que la ligne d'eau correspondante au voyant de la règle placée en un point C*c* de la première courbe, soit située à plus de deux mètres au-dessus de ce point, par exemple à 2ᵐ50ᶜ Cela fait, on enlèvera la règle, et ayant fixé le voyant à la côte 0ᵐ50ᶜ, on ira la placer en un point N*n*, tel que le voyant placé et fixé en *n'* à 0ᵐ50ᶜ comme nous venons de le dire, réponde à la ligne d'eau. Alors le point N*n* sera le premier point déterminé de la deuxième courbe; et pour lier cette deuxième courbe avec la première, on relèvera, avec l'instrument dont on est muni pour cela, la droite qui joint les deux points C*c*, N*n*. On continuera cette courbe comme on a fait pour la première, c'est-à-dire qu'on transportera le niveau en un point quelconque P*p*, et donnant un coup de niveau sur la règle placée en N*n*, on fixera le voyant en *n''* sur la ligne d'eau. On l'enlèvera, et on ira de nouveau le faire correspondre en *q'* sur un autre point Q*q*, qui appartiendra à la deuxième courbe. On continuera ainsi pour cette courbe et les suivantes ayant toujours soin de faire relever les points déterminés par le niveau.

Maintenant pour coter toutes ces courbes espacées de deux en deux mètres: convenons le plan général de comparaison à cent mètres au-dessus de la courbe la plus élevée, cette dernière courbe portant donc la cote 100; la suivante en descendant, aura la cote 102, la 3ᵉ 104; la 4ᵉ 106; la 5ᵉ 108, etc.

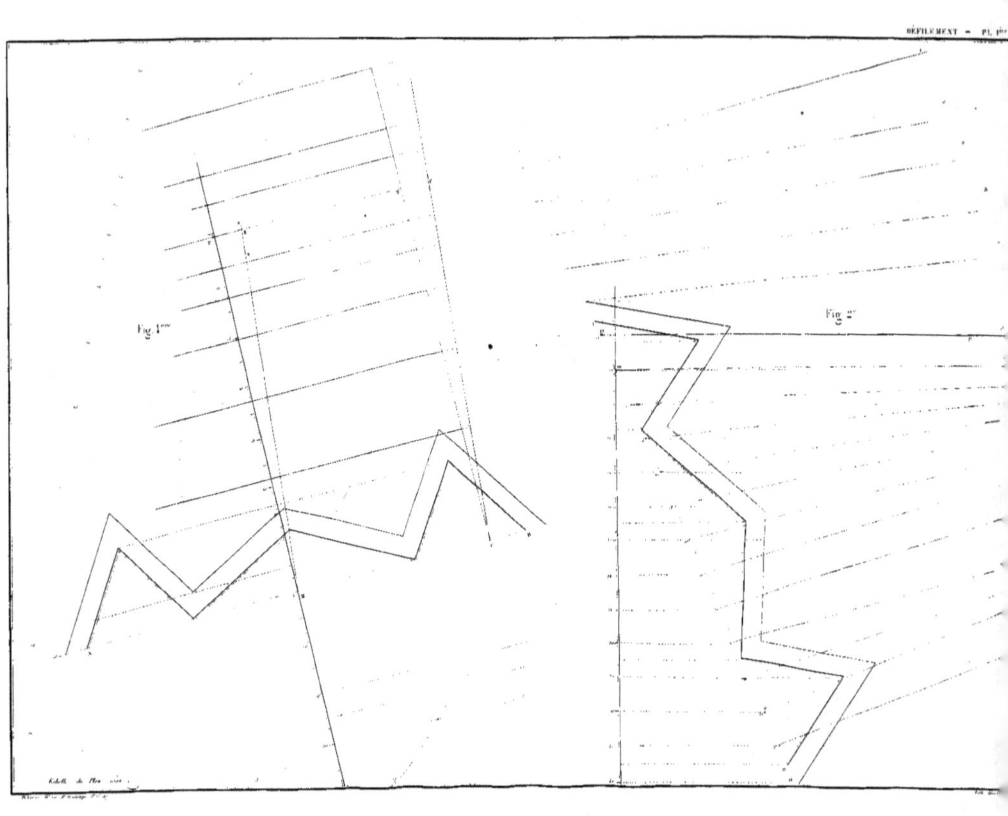

Fig. 1re
Fig. 2e
Échelle du Plan coté

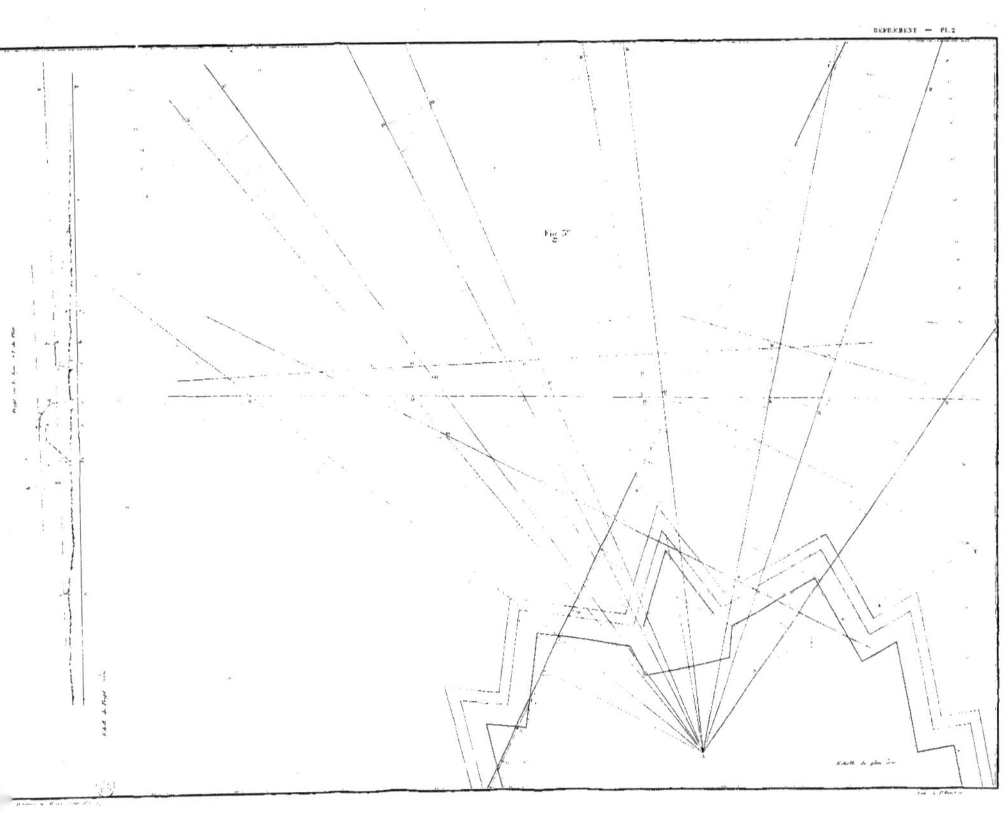

Fig. 5
Échelle du plan

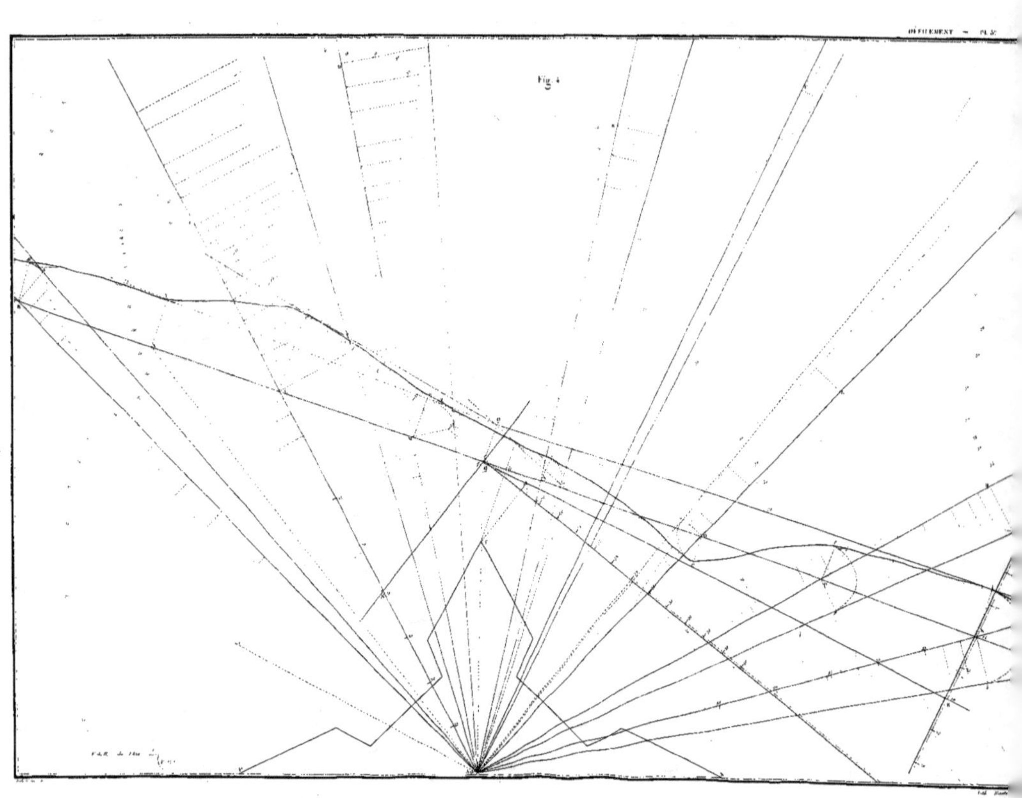

Fig. 4

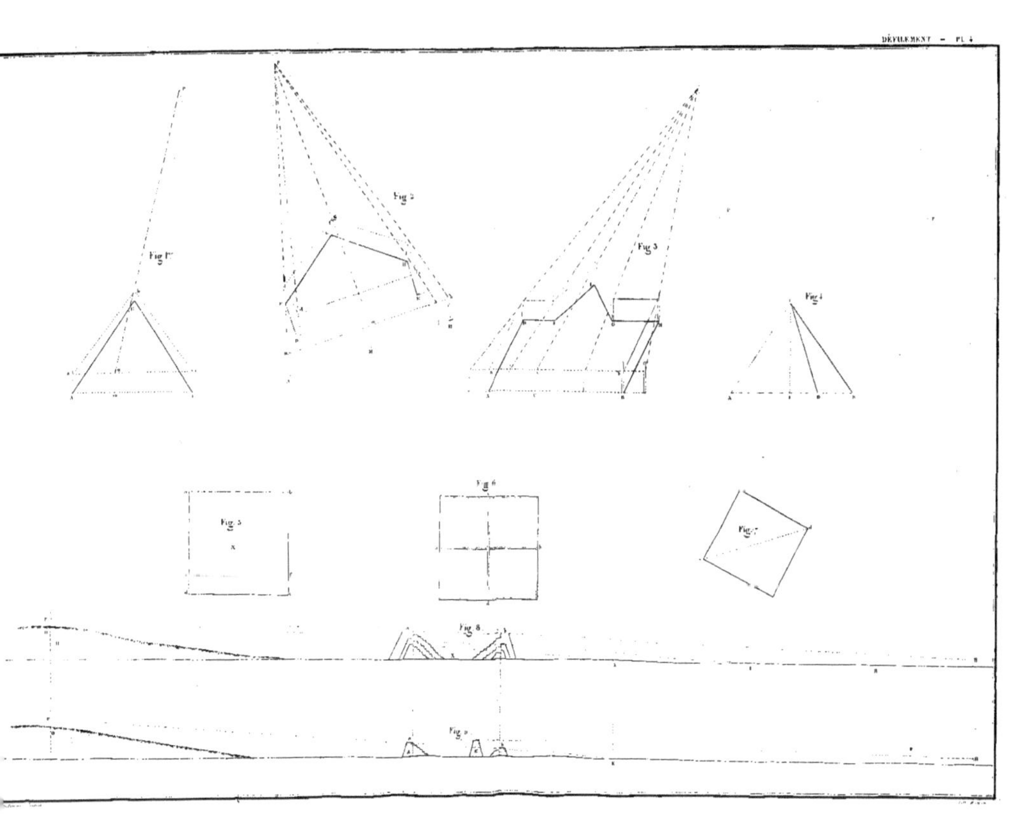

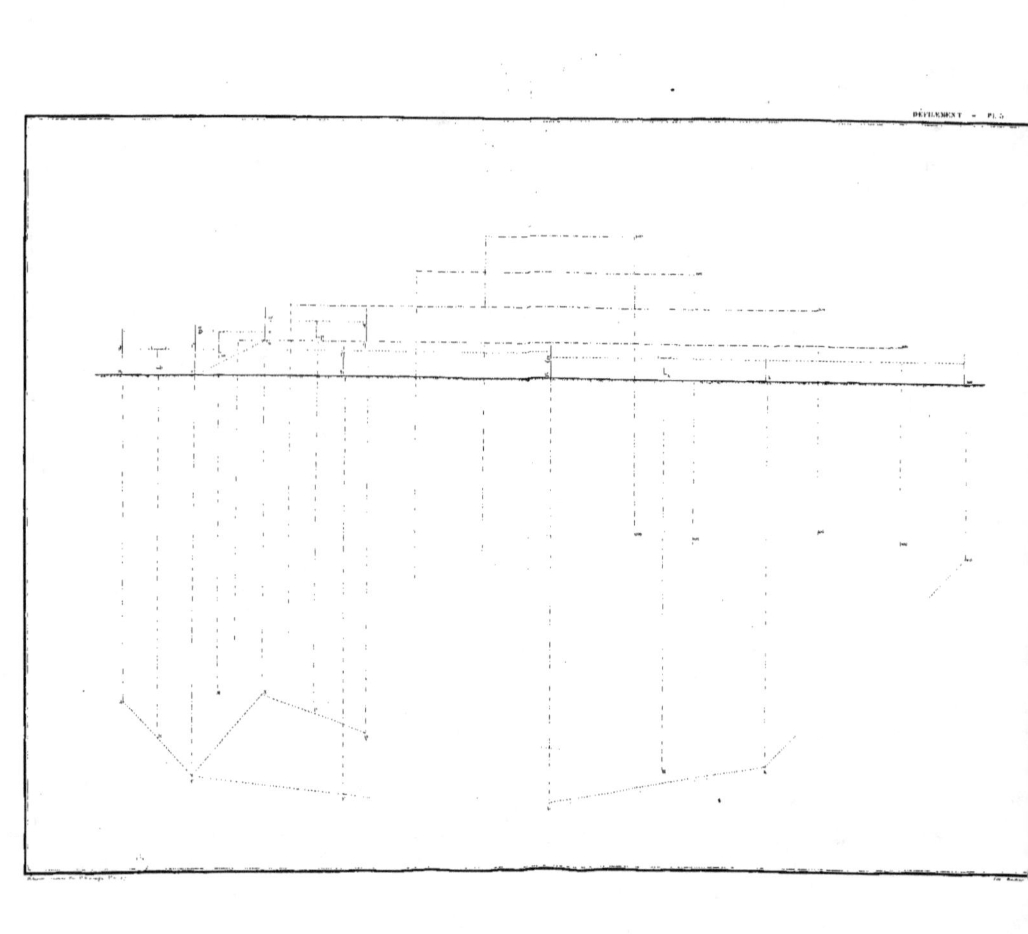

www.ingramcontent.com/pod-product-compliance
Lightning Source LLC
LaVergne TN
LVHW021105050726
842519LV00005B/1838